ROBERTO MARTUFI

IL GIARDINO
DEI SOLDI

I0040151

#1
autore
bestseller

BRUNO
EDITORE
Ebook per la Formazione

ROBERTO MARTUFI

IL GIARDINO DEI SOLDI

**Il Metodo Semplice Per Gestire
Il Tuo Denaro In Modo
Efficace e Senza Rischi**

Titolo

"IL GIARDINO DEI SOLDI"

Autore

Roberto Martufi

Editore

Bruno Editore

Sito internet

http://www.brunoeditore.it

Sommario

Introduzione

Prova a immaginare il tuo denaro come un giardino a cui devi dedicare le tue attenzioni. Che cosa accadrà al tuo giardino se non te ne prenderai cura? Molto presto si trasformerà in un posto dove nessuno vorrebbe stare. Lo stesso accadrà al tuo denaro, se non avrai la pazienza di farlo crescere: giorno dopo giorno perderà il suo valore.

Possedere un bel giardino, così come la serenità economica, è un toccasana per il tuo spirito. È un antidoto naturale per i già tanti stress a cui la vita di ogni giorno sottopone. Pensa a un giardino come a un rifugio dove ritrovare l'armonia. Pensa quindi al tuo denaro e alla tranquillità che ti dà sapere di averne abbastanza per affrontare la vita potendo soddisfare quotidianamente le tue esigenze.

Questa piacevole condizione però richiede impegno. Lo stesso richiesto per avere un bel giardino. Partire da tale consapevolezza è il primo passo per costruire e rafforzare, giorno dopo giorno, la tua tranquillità e quella dei tuoi cari.

Non ci sono ricette per ottenere la ricchezza, ma ci sono piccoli passi da compiere ogni giorno per avere solidità economica e serenità. A volte può rappresentare un obiettivo a lungo termine, distante dall'immediato godimento che il denaro può dare, ma è un traguardo che è necessario porsi, tappa dopo tappa.

La prima regola per avere un bel giardino è la pazienza.
Nessun giardino nasce dal nulla. Tutto inizia da un seme. Ogni singola pianta e ogni singolo fiore contribuiscono al risultato generale. Ogni albero sotto cui potersi riparare nasce da un piccolo seme. Quel seme va protetto e curato perché possa crescere.

Così sono i tuoi soldi. Piccoli semi che non devi avere fretta di veder raddoppiare, ma devi pazientemente custodire perché crescano. Così come faresti con una pianta, dovrai preoccuparti di preservare ogni giorno il tuo denaro, gestendolo con saggezza e prudenza.

Così come causeresti la morte di una pianta, se avessi troppa fretta di vederla crescere, dandole troppa acqua o lasciandola troppo esposta al sole, così rischieresti di impedire al tuo denaro di aumentare, se ne facessi un uso scorretto pensando di prendere scorciatoie nell'illusione di rapidi guadagni.

È un po' quello che accade a chi affida i propri risparmi a gestioni speculative che promettono tassi di interesse stratosferici: quel denaro il più delle volte sparisce, "sommerso" da troppa acqua o "bruciato" da troppo sole.

Come coloro che non hanno la pazienza di attendere che

un giardino cresca in modo naturale, inondandolo di concimi e pesticidi e destinandolo ad una crescita illusoria, anche nel rapporto con il denaro ci sono persone disposte a forzature, ad azzardi, pur di veder moltiplicare i propri guadagni correndo il rischio di dilapidare i propri soldi.

Ogni giardino parte dalle piccole cose e dalla cura, fin dall'inizio, di ogni suo componente. Così anche la gestione del denaro. Non occorre possedere ingenti capitali per realizzare una corretta gestione delle proprie risorse. È come prendersi cura di un prato. La cosa apparentemente più semplice da cui iniziare. Ma prova a trascurare l'erba per più di una settimana o a non innaffiarla…

Così accade per la tua gestione quotidiana del denaro, per cui ogni giorno dovrai porre attenzione e mantenere un equilibrio costante fra le entrate e le uscite. Dovrai prevedere quei periodi di caldo eccessivo in cui il prato avrà bisogno di più acqua, che nel frattempo dovrai aver risparmiato; e ricordarti di essere preparato, quando le rigide stagioni metteranno alla prova la salute del tuo prato. Perché, fuor di metafora, dovrai essere pronto ad affrontare il momento in cui le uscite potrebbero superare le entrate.

Non è difficile provvedere a un prato, ma lo diventerà se non avrai cura di farlo con costanza. Così è il denaro: non è difficile gestirlo con equilibrio, ma diventa un problema se a questo piccolo impegno quotidiano non dedicherai la dovuta attenzione e prudenza.

La seconda regola per avere un bel giardino è diversificarne le piante.
I giardini più belli sono quelli dove non cresce un solo tipo di pianta, dove non c'è una sola specie di fiori. Hai mai visto un giardino che possa dirsi bello con un solo fiore?

Ognuno di noi sa che i giardini più belli sono quelli dove i colori variopinti arricchiscono lo sguardo e l'animo di chi li guarda. E chi ha un giardino sa che occorre avere più piante, non solo perché è uno spettacolo gradevole agli occhi, ma perché per ogni pianta che smetterà di fiorire, o per un albero che smetterà di dare frutti, ce ne saranno altri pronti a rendere rigoglioso il giardino.

Così accade al tuo denaro, che non può essere riposto in un solo investimento, ma deve essere seminato su più terreni, cosicché, se un terreno non fosse prospero, ci sarebbe la possibilità di raccogliere altrove i risultati.

CAPITOLO 1:

I soldi fanno la felicità

Chi ha detto che i soldi non fanno la felicità? La fanno eccome, altroché! Se è vero, com'è vero, che con i soldi non si possono comprare l'amore e la salute, è pur vero che però avere la giusta disponibilità economica può aiutare a vivere più sereni.

Sarebbe bello poter pensare di vivere senza un euro in tasca: non ci sarebbe stress, né bisogno di lavorare e i tantissimi mali che affliggono la moderna società non esisterebbero.

Invece non è così, anzi, perché i soldi, purtroppo o per fortuna, sono il motore che fa girare il mondo, sono la risposta a tantissimi problemi e sono un elemento che contribuisce a migliorare notevolmente la vita delle persone.

Pertanto, chi ti dice che i soldi non fanno la felicità, non dice il vero. Questa è solo un'utopia filosofica basata su concetti astratti che, trasposti nella vita reale, nella maggior parte dei casi non ha un riscontro effettivo.

Ovviamente, non bisogna pensare che i soldi siano l'unica strada per essere felici, mai assunto sarebbe più sbagliato, perché esistono tantissime persone facoltose che non hanno mai davvero provato la felicità. Però, senza dubbio, il denaro è uno degli ingredienti per raggiungere se non proprio la felicità, almeno la serenità, che sarebbe già un traguardo importante.

SEGRETO n. 1: i soldi sono uno degli ingredienti per raggiungere la felicità. Avere la giusta disponibilità economica può aiutare a vivere più sereni.

In che modo i soldi possono fare la felicità? Indubbiamente, la loro corretta gestione è alla base di tutto.

I soldi possono fare la felicità in tanti modi: non bisogna necessariamente avere a disposizione grandissime somme di denaro, perché non serve essere ricchi per essere felici. Quel che conta è avere a disposizione le giuste somme per poter condurre una vita appagante, spensierata e ragionevole, in relazione alle proprie aspettative.

Lavorare per vivere e non il contrario, direbbe qualcuno: ed è proprio così. A cosa serve che tu vada a lavorare ogni santo giorno, che investa buona parte della tua giornata in un posto di lavoro, se poi a fine mese non hai a disposizione i soldi per toglierti qualche sfizio?

Il lavoro deve servire a vivere, non a sopravvivere e purtroppo la colpa non è sempre dei salari troppo bassi ma di una cattiva gestione dei soldi, che spesso parte da un'impostazione di pensiero sbagliata che ti fa guardare la situazione da un punto di vista non corretto.

SEGRETO n. 2: i soldi possono fare la felicità? Sì, ma la loro corretta gestione è alla base di tutto e non dipende dalla quantità disponibile.

Saper gestire i soldi significa, prima di tutto, non contrarre debito: se hai uno stipendio ragionevole, se hai una certa stabilità economica e se il tuo lavoro ti permette di pagare tutto quello che è necessario per garantirti una vita dignitosa, perché devi ritenere necessario chiedere dei soldi in prestito?
Devi farcela con le tue forze e se ti impegni non è così difficile.

SEGRETO n. 3: saper gestire i soldi significa, prima di tutto, non contrarre debito.

Ma partiamo dall'inizio. Per spendere dei soldi bisogna prima di tutto averli, e per averli è necessario trovare una fonte di reddito. Il denaro deve essere inteso prima di tutto come uno strumento, un mezzo per raggiungere un obiettivo. Tu presti la tua opera e la tua intelligenza a una persona e questa ti riconosce un compenso: questo è il lavoro. Tu desideri fare qualcosa o acquistare qualcosa e allora spendi del denaro per ottenerlo.

Ovviamente, il denaro non deve essere sprecato, bisogna averne molta cura e dargli la giusta attenzione affinché diventi un mezzo per raggiungere la felicità, altrimenti si ottiene l'effetto opposto.

Pensaci: Che cosa ti appaga? Qual è il tuo desiderio più grande nella vita? Adesso pensa a come potresti sentirti qualora dovessi raggiungerla: se quella non è felicità, sicuramente è qualcosa che ci somiglia parecchio ed è il tuo obiettivo. Non deve essere per forza qualcosa di materiale, anche costruire una famiglia può essere un obiettivo per la felicità, anzi, è proprio quello l'obiettivo per la maggior parte delle persone.

La parola costruire non è stata utilizzata a caso: i soldi fanno la felicità se possono aiutare a costruire qualcosa, qualsiasi cosa. Lo dice uno studio psicologico autorevole pubblicato sull'importante rivista di settore "Psychological Science". Infatti, sebbene fare shopping sia una delle attività che appagano maggiormente la psiche umana, è stato dimostrato che lo shopping teso alla realizzazione di un progetto che si protrae nel tempo ha vantaggi ancora più importanti.

Un progetto che si protrae può essere, appunto, una famiglia, una casa, una nuova scommessa lavorativa, ma anche un concerto, una cena o una vacanza. Tutto ciò che si può ottenere con lo schema pianificazione-realizzazione genera un beneficio maggiore e appagante rispetto all'acquisto, per esempio, di un capo di abbigliamento, il cui beneficio risulta poi essere effimero.

Tutto questo però può essere ottenuto solo con il denaro.

Il denaro facilita la vita, garantisce sicurezza e benessere e, in alcuni casi, può anche aiutare a migliorare le proprie condizioni di salute ma non solo. Infatti, si ha la capacità di gestire meglio le proprie finanze, ci si può garantire un presente e un futuro dignitosi in tanti modi.

Come detto prima, però, bisogna avere cura dei soldi: bisogna saper distinguere tra spendere e sprecare e la differenza è insita nel superfluo che, purtroppo, tutti noi siamo spinti a desiderare, togliendo però energie economiche importanti a ciò che può essere fondamentale.

Il concetto di "fondamentale", però, quando si tratta di soldi che danno la felicità, deve essere visto in un'ottica molto ampia, perché l'indispensabile non è solamente ciò che permette di soddisfare bisogni primari (generi di prima necessità, mutuo/affitto, bollente e così via...) ma anche ciò che soddisfa i bisogni secondari quali il divertimento e le passioni.

Dedicare una serata a sé stessi e alla persona amata, per esempio, invitandola a cena al ristorante, da un certo punto di vista può non essere considerato un bisogno strettamente necessario per la sopravvivenza, e infatti non lo è, ma è senza dubbio un bisogno per sentirsi appagati, realizzati e, per qualche ora, orgogliosamente felici e soddisfatti della propria vita.

Che cosa significa gestire in maniera intelligente il proprio denaro? Al termine della lettura di questo libro avrai sicuramente la risposta. Ma intanto possiamo dire però che ci sono comportamenti che devono essere evitati, o almeno dovrebbero, affinché il denaro guadagnato diventi una fonte di felicità e non di infelicità. Se, per esempio, desideri fare una vacanza, chi te lo può impedire? Magari non sarai in grado di permettertela nell'immediato, ma se farai attenzione al tuo denaro, chi ti dice che questo non possa essere un traguardo facilmente raggiungibile?

Ovviamente, tutti nutriamo la tentazione di raggiungere l'appagamento immediato – il famoso tutto e subito – ma non sempre è quella la strada per raggiungere la felicità. Certo, sei hai a disposizione importanti somme di denaro che, al netto della soddisfazione dei bisogni primari ti permettono di avere quello che desideri nell' immediato, sicuramente non aspetti per averlo e te lo regali subito; ma quando questo non è possibile, non è detto che non possa esserlo in futuro. Avere del denaro a disposizione, inoltre, ti può dare la possibilità di dedicare del tempo a ciò che può renderti felice.

Ti piace sciare? Puoi andare in montagna, sciare e trascorrere una giornata divertendoti. Ami la buona cucina? Puoi regalarti delle serate nei locali della città per degustare le varie preparazioni dei cuochi. Sono tante le strade che portano alla felicità e la maggior parte di queste prevede, comunque, che si debbano spendere dei soldi.

Purtroppo è inevitabile ed impensabile credere che si possa vivere serenamente senza soldi.

I soldi non permettono di acquistare il tempo, quello purtroppo non ha prezzo, ma se hai del denaro a disposizione, lo puoi utilizzare per trascorrere del tempo con la tua famiglia, perché la tua felicità, nella maggior parte dei casi, passa per la felicità delle persone che ami.

Pensa a come ti senti quando regali ai tuoi figli una giornata nel parco divertimenti che tanto amano: sei, forse, più felice di loro quando li vedi sorridere dalla gioia?
Oppure pensa agli occhi della persona amata quando le comunichi che trascorrerete un fine settimana nella città che tanto le piace: non ti si riempie il cuore di felicità?

Vero è, comunque, che non è il denaro di per sé a renderti felice, ma è ciò che i soldi ti hanno permesso di fare che ti regala quello stato così soddisfacente e appagante che altrimenti non sarebbe stata possibile.

SEGRETO n. 4: i soldi non permettono di acquistare il tempo, ma se hai del denaro a disposizione lo puoi utilizzare per trascorrere felicemente delle ore con le persone che ami.

Non bisogna dimenticare mai che i soldi devono essere un mezzo per raggiungere la felicità e non il motivo della stessa. I soldi dunque devono essere utilizzati per realizzare un bisogno e il solo fatto di possederli non deve dare la felicità: in quel caso, infatti, il senso di appagamento svanirebbe in poco tempo.

Non cercare un nuovo lavoro solo perché è più remunerativo: cercalo perché ti permette di realizzare i tuoi sogni. Non mettere da parte dei risparmi per il solo motivo che ti piace veder crescere il conto in banca, fallo perché desideri costruire qualcosa di concreto con il frutto del tuo lavoro.

Guadagnare denaro è indispensabile per vivere, ma non deve essere il fine ultimo della vita. Il denaro è semplicemente uno strumento che ti permette di semplificarti la quotidianità, di dormire sonni sereni e di pensare al benessere per te stesso e per le persone che ami, nulla di più: questa è la felicità che il denaro ti può garantire, ed è un traguardo meraviglioso.

In conclusione, quindi, i soldi fanno la felicità? La risposta è, ovviamente, sì.
Lo è per i motivi appena esposti, lo è perché senza il denaro non esiste la vita, e tutto ruota intorno all'acquisto e alla vendita. Impara a prestare la giusta cura ai tuoi risparmi, impara a dar loro il giusto valore e il giusto

significato ma, soprattutto, cerca di capire cosa per te è importante e cosa no. Se saprai gestire con cura i tuoi soldi, se saprai fare bene le tue valutazioni e non cadrai in tranelli e inganni, allora potrai sperare di raggiungere la felicità.

Il denaro non è tutto nella vita, nella scala dei valori assoluti non è nemmeno nelle prime posizioni a dirla tutta, ma è fondamentale affinché tu possa vivere con la massima serenità la tua vita, godere appieno dei suoi valori fondamentali senza i problemi legati alle difficoltà economiche.

Felicità non è solo avere beni di lusso e carte di credito con fondo illimitato. Felicità è una vita in cui diventa semplice affrontare e risolvere i problemi che la quotidianità mette davanti ogni giorno, anche quando si hanno i soldi.

SEGRETO n. 5: impara a prestare la giusta attenzione ai tuoi risparmi, perché è fondamentale che dal punto di vista economico tu possa vivere serenamente.

RIEPILOGO DEL CAPITOLO 1:

- SEGRETO n. 1: i soldi sono uno degli ingredienti per raggiungere la felicità. Avere la giusta disponibilità economica può aiutare a vivere più sereni.

- SEGRETO n. 2: i soldi possono fare la felicità? Sì, ma la loro corretta gestione è alla base di tutto e non dipende dalla quantità disponibile.

- SEGRETO n. 3: saper gestire i soldi significa, prima di tutto, non contrarre debito.

- SEGRETO n. 4: i soldi non permettono di acquistare il tempo, ma se hai del denaro a disposizione, lo puoi utilizzare per trascorrere felicemente le ore con le persone che ami.

- SEGRETO n. 5: impara a prestare la giusta attenzione ai tuoi risparmi, perché è fondamentale poter vivere serenamente dal punto di vista economico.

CAPITOLO 2:

La mancanza di soldi è ciò
che spaventa di più nella vita

La mancanza di soldi è un fattore che spaventa gran parte delle persone. L'indigenza e la povertà riducono l'uomo in uno status a cui è difficile offrire adeguate risposte.

L'inopia, ovvero la mancanza dei beni comuni che possano sopperire alle esigenze principali della quotidianità, è una situazione che non si augura a nessuno, mentre la voglia di reagire può ridursi con l'avanzare dell'età.

Complice un cambiamento economico che attanaglia l'Italia e il mondo da anni, e una politica che difficilmente vuole trovare soluzioni ai bisogni di un popolo, la prospettiva che si pone è quella di creare un piano che consenta di gestire al meglio il proprio denaro.

Una strategia personale basata su attenzione, risparmio e controllo delle spese può scongiurare quei periodi di crisi che fanno paura un po' a tutti noi. Risparmia se puoi, investi in prodotti sicuri e gestisci bene quello che possiedi perché ogni moneta può ritornare utile nel futuro.

Il controllo delle spese, l'attenzione ai guadagni, a prescindere da qualunque entità essi siano, possono aiutarti a raggiungere una ricchezza e un'indipendenza economica che cambierà in meglio la qualità della vita, adottando piccoli accorgimenti che si trasformeranno in abitudini di grande importanza.

Che cos'è il risparmio? Il risparmio è un concetto sdoganato da economisti, consulenti finanziari, giornalisti, ognuno dei quali propina metodi ortodossi per risparmiare qualche euro a fine mese.

C'è chi consiglia di pagare i propri acquisti con carta di credito e bancomat e chi invece suggerisce il metodo del contante perché, a detta degli esperti, il contatto con la moneta darebbe un'idea più concreta dei soldi che vengono spesi durante il giorno.

Non mancano i suggerimenti sui supermercati: i più gettonati raccomandano il discount prospettando un risparmio annuale di qualche migliaia di euro, mentre gli audaci propendono per i franchising di marca sottolineando come la qualità-giusto prezzo sia un risparmio assicurato.

Anche il metodo di fare la spesa è oggetto di infiniti articoli che trattano di risparmio: se da una parte l'acquisto *una tantum* farebbe pensare ad un esborso unico e ponderato, c'è chi invece opta per la spesa quotidiana, suddividendo il budget a disposizione nei vari giorni della settimana.

Come puoi notare, il risparmio è un concetto molto soggettivo, influenzato da abitudini personali che non tutti sarebbero in grado di adottare. Esistono consuetudini che possono conformarsi ad un certo stile di vita, ma che colliderebbero in presenza di altre esigenze.

Ad esempio, se acquistare quotidianamente i prodotti di consumo è una pratica tipica di chi svolge un lavoro casalingo, lo stesso non potrebbe adattarsi nel caso di persone oberate dal lavoro che, per sei giorni su sette, non trovano il tempo libero anche solo per acquistare un litro di latte. Trattandosi di una nozione altamente soggettiva, esiste un elemento che mette d'accordo tutti in tema di risparmio: la gestione del denaro.

Che si tratti di bollette, di imprevisti o di spese di un certo ammontare, saper gestire il budget è un primo passo per mettere da parte somme che potrebbero rivelarsi utili per investimenti futuri, o semplicemente per non sentirsi depauperati delle proprie risorse finanziarie.

SEGRETO n. 6: saper gestire il budget è un primo passo per mettere da parte somme utili per le risorse finanziarie del futuro.

A che serve risparmiare? Il risparmio misura una buona parte della ricchezza di una persona. Oggigiorno diventa difficile risparmiare, ma acquisendo un'abitudine adeguata alla gestione del proprio denaro, seguendo un *metodo facile* che più nel dettaglio sarà spiegato in un'altra sezione di questo libro, è possibile serbare un piccolo capitale da investire nel futuro.

Il futuro è un tunnel dove è impossibile individuare la via di uscita: nessuno può sapere con certezza se il domani riserverà brutte sorprese oppure no. È buona norma quindi mettersi al riparo in maniera tale da riuscire ad affrontare qualsiasi situazione nel miglior modo possibile e con serenità.

Un viaggio di lavoro, una malattia, l'acquisto o la ristrutturazione della casa, gli studi dei figli sono gli esempi più frequenti in cui la presenza di un capitale accantonato si rivela un'importante boccata di ossigeno per una famiglia. Molte persone, a causa della crisi, o del cambiamento in corso, hanno perso il lavoro ma chi ha saputo risparmiare è riuscito ad affrontare la situazione e addirittura continuare a mantenere il proprio stile di vita con la capacità di reinventarsi e rimettersi in gioco.

La disoccupazione è una condizione critica che può essere affrontata con i giusti risparmi. Pensa ad un adulto di mezz'età, e magari anche con moglie e figli a carico, a cui il mondo del lavoro ha chiuso le porte in faccia.

Che si fa? Solo una corretta gestione precedente del denaro può conferire il giusto peso all'accaduto e dare la forza e la serenità di andare avanti. Il risparmio rappresenta infatti le fondamenta per un futuro sereno.

La possibilità di attingere alle proprie risorse senza ricorrere agli strumenti finanziari (come mutui, cessione del quinto, prestiti personali e cose simili) significa riuscire a far fronte con le proprie gambe ad ogni evenienza.

SEGRETO n. 7: il risparmio rappresenta le fondamenta per un futuro sereno.

Inoltre, saper risparmiare significa anche poter investire in affari allettanti, a prescindere se si tratti di immobili, di azioni, di partecipazioni o di altro tipo di attività. La disponibilità di denaro permette di muoversi sul mercato, qualsiasi esso sia, spesso a condizioni economicamente vantaggiose.

Come gestire le proprie entrate? Pensa da imprenditore.
Risparmiare significa saper gestire le proprie entrate,
monitorando le uscite e proporzionando le spese in base
alle proprie possibilità. Per amministrare i guadagni,
derivanti da stipendi o da lavoretti che consentono di tirare
avanti, bisognerebbe entrare nei panni di un imprenditore
e pensare come colui che deve dirigere un'azienda.

L'impresa è solida quando il profitto prevale sui debiti,
ovverosia quando le entrate sono maggiori delle uscite.
Trattandosi dei tuoi soldi o del tuo capitale dovresti
trasformarti nell'imprenditore di te stesso assimilando la
tua vita ad un'azienda che opera sul mercato.

Come un'impresa, dovresti controllare e giustificare ogni
acquisto, verificando che lo stesso trovi un'adeguata
copertura finanziaria con i soldi che hai a disposizione.
Al pari di un imprenditore, dovrai amministrare la tua
impresa il cui patrimonio è di una certa entità,

corrispondente alle entrate acquisite in un dato periodo dell'anno. In corrispondenza di ciò le uscite coincideranno con le passività di un bilancio aziendale, includendo tutte le voci che comportano un esborso di denaro.

Dovrai valutare le *spese necessarie* (quelle di bollette, tasse, generi alimentari, vestiario, mezzi pubblici, auto, spese sanitarie, ricariche telefoniche), le *spese improvvise* (ristrutturazioni, elettrodomestici nuovi, inviti ad occasioni come matrimoni, viaggi di lavoro, acquisto di beni non strettamente necessari) e le *spese di piacere* (smartphone, cene al ristorante, pizzeria, attività di svago come palestra, cinema ecc.), confrontando le due entità (entrate ed uscite) e stabilendo se ciò che spendi è proporzionale a quanto guadagni.

Un prospetto chiaro potresti averlo appuntando tutto su un quaderno, come se fosse il libro contabile dell'imprenditore. All'interno segnalare le entrate (quanto hai guadagnato in un mese, a quanto ammontano gli extra per arrotondare lo stipendio, quanto hai ricevuto sotto forma di rimborsi, regali ecc.) e le relative uscite, indicando l'ammontare esatto di ciascuna voce.

Definito un periodo, traccerai un totale, appurando quanto hai effettivamente guadagnato e quanto hai realmente speso, avendo un quadro chiaro della gestione delle risorse. Con questo escamotage potrai:

1. Stabilire se spendi oltre le tue possibilità.
2. Avere una cognizione effettiva di quanto ammonta il tuo potere d'acquisto.
3. Verificare se esistono spese superflue da evitare per risparmiare denaro.

Il prospetto sarà un riassunto di ogni attività economica svolta nell'arco di un periodo (che potrebbe essere una settimana, un mese o un anno), valutando coscienziosamente quale possa essere il miglior metodo per risparmiare denaro.

Avendo sotto gli occhi tutte le spese affrontate in un mese, ti renderai conto di quali siano le uscite che incidono maggiormente sulle entrate.

Potrai valutare l'ammontare delle entrate stabilendo se ci sia bisogno di arrotondare (ad esempio con qualche lavoretto saltuario) o di evitare spese per mettere da parte qualcosa.

La definizione di un budget iniziale è dunque un buon metodo per gestire le entrate e le relative uscite. Il budget è il bilancio di previsione di un'azienda, all'interno del quale sono individuate ipotetiche voci di entrata con prospettive di spese che andranno affrontate nel corso di un determinato periodo.

Redigere un budget iniziale, come vedremo meglio nel dettaglio e con un *metodo facile* ben preciso più avanti, ti permetterà di assegnare somme proporzionali ad ogni tipologia di spesa, controllando eventuali eccessi e riuscendo a rientrare nella cifra prestabilita.

Il *metodo* andrà a modificare molte abitudini: valuterai gli acquisti quotidiani, penserai al profitto anziché al debito e determinerai con coscienza le effettive possibilità economiche per affrontare le spese di piacere.
Acquisirai dimestichezza con alcuni princìpi che sono alla base della gestione aziendale, riuscendo a chiudere in positivo risparmiando sul superfluo.

L'esistenza di un budget ti consentirà anche di affrontare serenamente eventuali imprevisti, perché potrai prevedere situazioni inaspettate accantonando un'apposita somma che, nel caso in cui l'evento non dovesse verificarsi, troverai come risparmio da investire per il futuro.
Ti faccio un esempio: fissare un budget di 600 euro al mese per affrontare molte spese. Da questi, 50 euro li

accantoni per eventuali imprevisti (un guasto meccanico, un regalo, una spesa medica ecc.). Se questi 50 euro non dovessi spenderli, essi cambieranno destinazione e si andranno a sommare a quelli che metterai da parte nei mesi successivi, divenendo così in un solo anno 600 euro risparmiati.

SEGRETO n. 8: l'esistenza di un budget accantonato ti consentirà di affrontare serenamente eventuali imprevisti.

La gestione delle entrate sarà semplice con il trascorrere del tempo: creerai delle regole, stabilirai dei limiti che sorgeranno in maniera naturale, riuscendo così ad avere sotto controllo ogni tipo di movimento economico.

La maniera in cui amministri il denaro è uguale a prescindere se utilizzi liquidità o semplicemente ti avvali del bancomat, poiché l'idea stessa di creare un prospetto ti aiuterà a modificare le abitudini. Una volta definito il budget, calcolate le entrate e le uscite, potrai confrontare i dati stabilendo quanto sia effettiva la tua capacità di risparmiare soldi.

Come dedicare la giusta attenzione al proprio denaro.
Il risparmio è il risultato di una serie di abitudini che, nel piccolo, possono consentire di mettere da parte qualcosa da utilizzare in futuro. L'attenzione andrebbe posta nel quotidiano, e bastano soltanto 10 minuti al giorno, partendo dalla valutazione dei beni, dei prezzi e delle spese da sostenere.

È vero, bisognerebbe rinunciare a molte cose pur di accantonare qualche soldo, ma è anche vero che la parsimonia permette di accedere agli sfizi pur gestendo in modo adeguato il proprio denaro.

Segui sempre una logica basata principalmente sulle tue

possibilità finanziarie, valutando la stabilità lavorativa, lo stipendio, il contratto di lavoro (se a tempo determinato o in forma stabile) in connessione alle effettive esigenze che andranno soddisfatte. Evita di indebitarti per l'acquisto di beni accessori come smartphone, computer e tecnologia al solo scopo di ostentare una ricchezza apparente. Acquista in base alle tue possibilità.

La nostra era ci impone di essere al passo con i tempi e con le innovazioni, a costo di indebitarci, grazie anche alle finanziarie che ti consentono di accaparrarti prodotti il cui prezzo corrisponde allo stipendio di un lavoratore medio. L'indebitamento è già di per sé indice di indigenza e comporta l'esborso di una rata che ha delle ripercussioni di non poco conto sul budget mensile.

E allora: quale abitudine dovrebbe essere adottata per acquistare ciò che si vuole gestendo il proprio denaro? Domandati semplicemente se ciò che vuoi rientra nelle tue possibilità economiche senza indebitarti. In altri termini, chiediti se la spesa da affrontare prevede un finanziamento o puoi superarla con il denaro a tua disposizione.

Ricorda che un finanziamento, per quanto possa coprire cifre minime, è pur sempre un esborso di denaro che mensilmente intacca parte del tuo budget. Nonostante attualmente i prestiti siano allettanti (spesse volte con TAN e TAEG allo 0%) le spese istruttorie, i bolli, l'apertura e la chiusura pratica hanno un prezzo che incide sul costo finale del prodotto. Se proprio intendi acquistare quel bene accendendo un finanziamento, cerca di capire se riusciresti ad ammortizzare le rate mensili, tenendo conto di quanto guadagni e di quanto inciderebbe la cifra diminuendo di conseguenza il potere di acquisto.

Solo in questo modo riuscirai a valutare in maniera chiara il valore del denaro a disposizione, gestendo in maniera concreta le entrate e proporzionandole alle eventuali uscite.

SEGRETO n. 9: evita di indebitarti per l'acquisto di beni accessori. L'indebitamento comporta l'esborso di una rata che ha delle ripercussioni di non poco conto sul budget mensile.

Come investire in tutta sicurezza

Non esistono ambiti in cui un investimento sia sicuro al 100%. Se il settore immobiliare comporta tasse elevate, gli strumenti finanziari sono un gioco che prevede un elevato rischio, legato sempre alla solidità dell'azienda che li emette.

Il libretto postale un tempo fruttava denaro, mentre i buoni fruttiferi consentono di depositare una somma da recuperare con interessi (bassi) in un momento successivo. Se vuoi investire per il tuo futuro, studia il mercato e i prodotti offerti dalle varie aziende. Valuta la solidità delle banche e l'attendibilità di prodotti finanziari come le azioni e le obbligazioni. Verifica se l'immobile in vendita è un affare allettante, potendo ricavare qualcosa dalla locazione o la rivendita.

Se scegli i prodotti finanziari, diversifica il tuo portafoglio, investendo cifre minime su strumenti differenti, ciascuno dei quali comporta rischi minimi. Informati e rimani aggiornato sul mondo degli investimenti, perché è da qui che potrai costruire gran parte del tuo futuro finanziario creando possibilmente delle rendite di denaro costanti.

SEGRETO n. 10: informati e rimani aggiornato sul mondo degli investimenti, perché è da qui che potrai costruire un futuro finanziario solido.

RIEPILOGO DEL CAPITOLO 2:

- SEGRETO n. 6: saper gestire il budget è un primo passo per accantonare somme utili per le risorse finanziarie del futuro.
- SEGRETO n. 7: il risparmio rappresenta le fondamenta per un futuro sereno.
- SEGRETO n. 8: l'esistenza di un budget accantonato ti consentirà di affrontare serenamente eventuali imprevisti.
- SEGRETO n. 9: evita di indebitarti per l'acquisto di beni accessori. L'indebitamento comporta l'esborso di una rata che ha delle ripercussioni di non poco conto sul budget mensile.
- SEGRETO n. 10: informati e rimani aggiornato sul mondo degli investimenti, perché è da qui che potrai costruire un futuro finanziario solido.

CAPITOLO 3:

Problemi di indebitamento

Molto più spesso di quanto si possa immaginare le persone adottano una gestione sbagliata del denaro, spendendo più di quanto guadagnano, consumando così in breve tempo anche piccoli risparmi che erano riusciti ad accumulare nel tempo e facendo ricorso a prestiti per arrivare a fine mese.

Purtroppo queste gestioni erronee negli ultimi anni sono aumentate sempre di più, in parte a causa della pressione esercitata sui cittadini, in seguito alla mancanza di lavoro e all'aumento dei prezzi, che ha ridotto il potere economico delle famiglie.

Una corretta gestione delle finanze (più avanti la analizzeremo nel dettaglio) che insegni a spendere meno di quanto si guadagna è fondamentale per una sicurezza economica e per evitare di contrarre debiti.

I problemi di indebitamento distruggono la vita delle persone che si trovano in questa difficile situazione le quali, non riuscendo a far fronte agli impegni presi, si indebitano sempre di più, entrando in un circolo vizioso da cui risulta quasi impossibile uscire senza un valido aiuto, sia dal punto di vista pratico sia da un punto di vista psicologico.

Analizzare i motivi che hanno portato a contrarre un debito

Bisogna sempre analizzare le motivazioni che hanno portato a contrarre un debito per valutare se questo fosse realmente necessario o se la spesa effettuata poteva essere evitata.

Un motivo abbastanza valido per contrarre un debito potrebbe essere il mutuo per acquistare una casa, evitando così di pagare un affitto. In questo modo, alla fine, ci si troverà ad aver scontato il mutuo e a non dovere sostenere più le spese mensili fisse come invece accadrebbe se si vivesse in un appartamento in affitto.

A parte questa e poche altre ragioni, – come sostenere delle spese mediche o permettere un adeguato livello d'istruzione ai propri figli – i debiti possono essere evitati. Una buona regola prima di contrarre un debito consiste nel controllare che il totale dei prestiti non superi mai una cifra maggiore di *un terzo* delle entrate familiari. In questo modo si avranno a disposizione risorse a sufficienza per gestire tutte le spese quotidiane.

Analizzare se era davvero necessario contrarre il debito

Analizzare se era davvero necessario chiedere un prestito ad una banca o ad una finanziaria aiuta a non commettere più gli stessi errori. Non sono pochi i casi in cui si ricorre ad un prestito solo perché si vuole andare in vacanza o si desidera comprare un televisore più grande.

Queste non sono buone motivazioni per indebitarsi, ma solo una conseguenza di abitudini superficiali di chi non è abituato a dare il giusto peso al denaro e non ha una buona gestione delle proprie risorse. Ciò non vuol dire rinunciare ad una vacanza, ma ad esempio si potrebbe mettere da parte una piccola cifra ogni mese che poi ci si ritrova a fine anno e scegliere una destinazione adatta alle proprie possibilità economiche.

SEGRETO n. 11: una buona gestione delle tue risorse economiche allontana abitudini superficiali che portano all'indebitamento.

Problemi di indebitamento causati dal vizio del gioco
Negli ultimi anni sono sempre di più le persone che si sono trovate con una vita distrutta a causa del vizio del gioco. Si tratta purtroppo di dipendenze patologiche che

portano a spendere tutto ciò che si guadagna ed anche di più, senza riuscire a porvi un freno. Non sono rari i casi di persone che hanno perso il proprio patrimonio, a volte anche molto consistente, a causa delle scommesse, negli ultimi tempi soprattutto online, con i gratta e vinci o con le slot machine.

Il gioco d'azzardo ha effetti distruttivi sulla vita del giocatore e su tutta la sua famiglia. Molti dei giocatori d'azzardo difficilmente ammettono di avere un problema, e quando decidono di chiedere aiuto spesso la famiglia si è già sgretolata.

Riconoscere di avere un problema, tra l'altro anche molto serio, è il primo passo verso la guarigione. Ogni giocatore d'azzardo dovrebbe avere ben presente che prima si diventa consapevoli della propria condizione e minori saranno i danni.

Un valido aiuto per uscire da queste situazioni viene

offerto dai centri per la cura per la dipendenza dal gioco d'azzardo. Si tratta di strutture sorte in tutte le regioni italiane, pertanto non sarà difficile riuscire a trovare un centro non troppo distante dal luogo in cui si abita.

Non ci sono limiti alle conseguenze devastanti provocate proprio dal gioco d'azzardo, tra queste la perdita della proprietà, delle case, delle macchine, del lavoro, e soprattutto il venire meno del rispetto verso sé stessi, della dignità e della propria vita.

Per accedere ad un percorso di recupero è fondamentale che ci si renda conto di avere un problema e di volerlo risolvere. I dati sulla quantità dei giocatori d'azzardo sono sconcertanti: mettono in evidenza una cifra pari ad un milione di persone malate solo nel nostro Paese, corrispondente al 2% della popolazione in età adulta.

Prova a pensare cosa succederebbe se i dati si ampliassero

effettuando ricerche anche all'estero. Spesso i problemi finanziari sono alla base di questa dipendenza patologica, in quanto non è difficile trovare persone che pensano di poter sistemare la propria vita scommettendo.

Conseguenze dell'indebitamento sull'aspetto psicologico

La vita di molte persone è stata distrutta a causa degli eccessivi debiti contratti poiché esercitano una forte pressione sul bilancio familiare, portando ad un circolo vizioso fatto di ulteriori prestiti per riuscire a pagare le rate precedenti.

Inoltre, contraendo nuovi prestiti, la situazione non può fare altro che peggiorare, in quanto le rate pagate nei primi anni presentano una minima parte di capitale restituito, mentre una consistente quota è rappresentata dagli interessi, per cui con ogni nuovo prestito l'unico risultato ottenuto è solo quello di ritrovarsi a pagare ancora di più a fine mese; una scelta che va ad esclusivo vantaggio degli istituti di credito.

Non è difficile ritrovarsi a parlare con amici o parenti che cercano di uscire dai debiti senza riuscirci, poiché si trovano nell'impossibilità di tener fede agli impegni presi, manifestando così infelicità, depressione e difficoltà nelle relazioni interpersonali.

È possibile uscire dai debiti

Con il giusto approccio è possibile riuscire a venir fuori dai debiti. Il primo passo fondamentale da compiere è quello di capire il motivo per cui ci si trova sommersi dai debiti. Spesso si è portati ad effettuare acquisti semplicemente perché si vuole avere un determinato prodotto, senza pensare al suo costo e alle ripercussioni che si provocano sul bilancio familiare. Per questo la prima cosa da fare prima di spendere i propri soldi è quella di soffermarsi a pensare se il prodotto che si vuole comprare è alla propria portata e se davvero può essere utile.

Ruolo della famiglia in caso di problemi di indebitamento

Il ruolo della famiglia nei confronti di chi è frustrato per aver distrutto la propria vita e quella delle persone che gli sono più vicine è fondamentale. Un supporto offerto dalle persone più care aiuta a trovare la forza per reagire. Per farsi aiutare è possibile rivolgersi anche a professionisti terapeuti in modo da non commettere più gli stessi errori, con la possibilità di riuscire a riappropriarsi della propria vita e di ritrovare la stabilità economica persa a causa dei debiti. Ovviamente, per raggiungere questi risultati occorrono impegno, tempo e tanta pazienza. Moderare le spese per non contrarre debiti.

La moderazione dei consumi è un aspetto fondamentale pensato più volte da sociologi e psicologi che aiuta a uscire dai debiti e a recuperare pian piano il rispetto di sé stessi nonché la propria vita. Moderare le spese non vuol dire essere avari, ma significa essere consapevoli delle azioni che si compiono quotidianamente. La consapevolezza induce a spendere meno, in quanto riesce ad eliminare tutte le spese superficiali, che non sono necessarie nella quotidianità. In poche parole, bisogna semplificare il proprio stile di vita.

Smettere di indebitarsi

Cessare di indebitarsi è una regola fondamentale per uscire da questo circolo vizioso, cercando di comprendere che se ci si ritrova in condizioni di difficoltà è perché a monte non è stato calcolato un adeguato bilancio delle spese e perché è stata condotta un'errata gestione del denaro. Spesso il problema non nasce dall'importo delle singole rate da pagare, ma dalla loro somma che supera di gran lunga il limite stabilito, ovvero il budget che ognuno ha a disposizione per riuscire a far fronte a tutte le spese quotidiane nonché agli impegni presi con finanziarie o banche, che arrivano ad interessare gran parte dello stipendio.

In questi casi, un piccolo rimedio che aiuti a gestire meglio la situazione può essere quello di ricorrere ad un unico nuovo prestito che riunisca la somma di tutti i precedenti debiti contratti, pagando così una sola rata a fine mese con un importo ridimensionato rispetto alla somma delle singole rate.

Chiedere aiuto a professionisti per uscire dai debiti
Una delle migliori strategie a disposizione di persone che si trovano in una situazione di sovraindebitamento è quella di rivolgersi ad un'agenzia di mediazione, che metta a disposizione dei propri clienti personale esperto e qualificato per mediare tra il debitore e l'istituto di credito.

Questi professionisti nel settore della finanza sono esperti dei problemi debitori e forniscono un valido aiuto per trovare un buon accordo con i creditori. Inoltre, un buon supporto può essere fornito anche da esperti psicologi che aiutano i soggetti indebitati ad uscire dallo stato profondo di depressione in cui sono caduti, esclusivamente per colpa dei debiti. I sensi di colpa sono un campanello d'allarme molto importante, in quanto una persona pervasa dai sensi di colpa potrebbe anche compiere gesti estremi.

La disperazione e la percezione di un futuro buio, in cui non si riesce a vedere una via di uscita possono portare anche a pensieri suicidi, credendo che la morte sia la soluzione migliore per liberare sé stessi dalla sofferenza e per non arrecare più danni alla propria famiglia. Per questo è molto importante cogliere simili segnali prima possibile, aiutando il debitore a chiedere un valido aiuto.

SEGRETO n. 12: rivolgersi ad un'agenzia di mediazione che metta a disposizione personale esperto

e qualificato in problemi debitori può essere un valido aiuto per affrontare il problema del sovraindebitamento.

Perché è necessario un supporto psicologico

Rivolgersi ad un esperto psicoterapeuta è fondamentale per rimettere in moto la voglia di reagire. Uno psicologo ha il compito di coinvolgere e stimolare i propri pazienti sia a livello emotivo sia cognitivo, per ampliare la propria capacità di vedere e rendersi conto delle cose in momenti in cui l'oggettività e la flessibilità sembrano venire meno e la visuale da ampia si restringe e la percezione che si ha della realtà si irrigidisce.

Il supporto medico serve per stimolare il desiderio di cambiare e di sistemare le cose. Vedere oggettivamente l'indebitamento riesce a far capire le motivazioni reali che hanno portato a questa condizione disastrosa e a pensare prima di agire. Inoltre spesso i soggetti indebitati hanno difficoltà ad aprirsi con la propria famiglia, adottando un atteggiamento di chiusura. Parlare dei propri problemi aiuta a trovare una soluzione e a superarli, per questo la figura professionale di uno psicoterapeuta è un ottimo sostegno.

Come fronteggiare i debiti con le finanziarie

I problemi di indebitamento più comuni, che hanno devastato la vita di tantissime persone, sono quelle causati da debiti con le finanziarie.

Non è difficile trovare soggetti che, proprio a causa di questi debiti, si ritrovano a dover fronteggiare grandi problemi economici, arrivando a chiedere anche un supporto medico specialistico per uscire da uno stato depressivo causato dalla pressione dei debiti sulla vita quotidiana.

La somma dei debiti contratti spesso è talmente elevata da non riuscire ad essere gestita con le entrate percepite mensilmente. Questo perché sovente le spese vengono affrontate con superficialità, e possibilità di affidarsi a delle finanziarie nei grandi centri di acquisto, come nel caso di autosaloni e negozi di elettronica, non fa altro che rendere le cose ancora più difficili.

A chi non sarà capitato di vedere magari l'ultimo modello di televisore con il prezzo totale e sotto l'allettante slogan "può essere tuo con una piccola rata mensile ad anticipo zero". Questo è uno dei casi più frequenti in cui ci si sente indotti a richiedere un prestito, in quanto nella mente umana scatta subito il pensiero: "posso permettermelo, tanto mi viene a costare solo una piccola rata mensile".

Ma questa piccola spesa, sommata ai vari acquisti effettuati con lo stesso criterio, dà come risultato una grande somma mensile che bisognerà mettere da parte per pagare tante piccole rate.

Come fare se non si riesce a pagare la rata del mutuo

Qualora non si riuscisse a pagare la rata del mutuo è possibile richiedere una surroga o una rinegoziazione. La surroga prevede il passaggio ad un altro istituto di credito che offre condizioni più vantaggiose.

Questa è una buona soluzione, ma spesso ostacolata quando un soggetto risulta in ritardo con i pagamenti, venendo così di fatto scritto nel registro dei cattivi pagatori.

In questo caso il nuovo istituto di credito rifiuterà la richiesta di mutuo e l'unica strada percorribile resta quella della rinegoziazione. Anche se le parti sono restie a seguire questa modalità, che permette al debitore di rinegoziare le condizioni contrattuali ottenendo condizioni più vantaggiose, alla fine vengono concesse per dare la possibilità al debitore di pagare le rate con regolarità.

Come evitare di contrarre debiti

Per evitare di contrarre debiti e creare una buona risorsa economica per far fronte in modo autonomo a spese improvvise occorre imparare a regolare le spese (devi spendere meno di quello che guadagni), acquistando solo ciò che realmente è importante. Amministrare le risorse economiche con saggezza, lo scopo per cui è stato scritto questo libro, aiuta ad assicurare sicurezza e benessere a tutta la famiglia.

Redigere un bilancio settimanale e mensile delle spese permette di tenere sotto controllo tutti gli acquisti. In questo modo in caso di spese eccessive è possibile individuare quali sono i costi da ridurre. Con tale metodo si riesce anche a monitorare gli acquisti, evitando di comprare magari l'ennesimo paio di scarpe, solo perché alla moda, da riporre poi nella scarpiera.

Una buona idea può essere altresì quella di coinvolgere

tutta la famiglia nel bilancio delle spese affinché anche gli altri membri di casa possano imparare a gestire i propri risparmi. Sono utili ed educative, ad esempio, le piccole paghette settimanali da dare ai propri figli, perché questo li aiuterà nella vita ad adottare un'abitudine di spesa più attenta e adeguata alle risorse economiche di cui dispongono.

SEGRETO n. 13: amministrare le risorse economiche con saggezza significa spendere meno di quello che si guadagna.

RIEPILOGO DEL CAPITOLO 3:

- SEGRETO n. 11: una buona gestione delle tue risorse economiche allontana abitudini superficiali che portano all'indebitamento.

- SEGRETO n. 12: rivolgersi ad un'agenzia di mediazione che metta a disposizione personale esperto e qualificato in problemi debitori può essere un valido aiuto per affrontare il problema del sovraindebitamento.

- SEGRETO n. 13: amministrare le risorse economiche con saggezza significa spendere meno di quello che si guadagna.

CAPITOLO 4:

I soldi per la vecchiaia? Non bastano!

La vecchiaia, si sa, non è una fase facile nella vita di una persona: non lo era in passato, non lo è oggi e non lo sarà in futuro. Infatti, agli inevitabili problemi dovuti all'età e alle precarie condizioni fisiche, si aggiungono anche problemi economici che possono aggravare la situazione, rendendo la vecchiaia un periodo della vita di difficile e complessa gestione.

Alla fine dell'età lavorativa, con la conseguente decurtazione della retribuzione mensile nel momento in cui si passa dallo stipendio alla pensione, si aggiunge anche l'aggravarsi dell'età, con problemi fisici, inevitabili consulti medici e molti altri inconvenienti che possono richiedere un livello di spesa mensile molto più ingente di quando, invece, si era giovani e in buona salute.

Così, proprio per queste abbondanti motivazioni, diventa di fondamentale importanza riuscire a mettere da parte quanto più denaro possibile per assicurarsi una vecchiaia serena e senza pensieri. E allora, come fare per mettere da parte i soldi per la propria sicurezza personale, garantendosi lo stesso tenore di vita agiato avuto durante l'attività lavorativa? Scopriamo insieme in questa lettura le attività corrette da mettere in pratica per far fruttare il nostro risparmio.

L'importanza di mettere da parte dei soldi per la vecchiaia

Iniziare a mettere da parte i soldi subito per avere un piccolo o grande tesoretto garantito durante la vecchiaia è molto importante, perché permette di affrontare in modo più sereno un periodo della vita che già di per sé risulta essere piuttosto difficile.

Infatti, si intrecciano fra loro numerose problematiche che

possono contribuire a creare una situazione di forte instabilità economica, con conseguente stress. Innanzitutto, non è sicuro che un lavoratore che ha regolarmente versato tutti i contributi necessari per avere la pensione abbia poi diritto, alla fine della sua carriera lavorativa, ad un assegno mensile di pensione come sperato. Infatti, le regole per raggiungere la pensione variano di governo in governo, con un evidente e notevole tentativo di procrastinare il più possibile questo momento.

Da qui a dieci anni, probabilmente, l'età pensionabile sarà ancora più alta dell'attuale stabilita, a fronte di un assegno mensile, invece, sempre più leggero. Inoltre, i criteri per accedere all'assegno di pensionamento saranno sempre più restrittivi, quindi il numero di persone che potrà godere della pensione sarà sempre più esiguo.

Ma anche per i pochi fortunati che, invece, avranno diritto alla pensione ci saranno problemi. Infatti, rispetto al costo della vita che avanza clamorosamente, gli importi delle pensioni sono sempre più bassi. Quindi anche i pensionati dovranno a breve trovare una fonte di sostentamento economica diversa, per riuscire a integrare la misera e magra pensione prevista dal sistema attualmente vigente.

Come fare, dunque, a vivere il presente senza la preoccupazione costante del futuro? È possibile solo attraverso una pianificazione precisa e puntuale del proprio risparmio, cercando di capitalizzare al meglio i soldi così da non trovarsi spiazzati nell'età più difficile. E qui torniamo sempre alla necessità di cominciare subito, e per sempre, a gestire il proprio denaro con saggezza e attenzione.

Le conseguenze dell'avanzare dell'età

Oggi sei giovane e non ci pensi, ma domani l'età avanzerà e arriveranno gli inevitabili malanni fisici e nuove necessità che sicuramente comporteranno spese maggiori.

Le persone anziane, infatti, hanno bisogno di medici, visite specialistiche, medicine ma anche cose più specifiche come assistenza domiciliare, cure settoriali e molto altro ancora.

Tutto ciò ha, ovviamente, un costo non indifferente che spesso la famiglia – i figli, i compagni ecc. – non posso sostenere o lo fanno con molta fatica. È in questi casi che la pensione si rivela insufficiente a far fronte a tutte le spese che una persona anziana oppure la sua famiglia devono purtroppo sostenere.

È dunque di fondamentale importanza riuscire a pensare in tempo a mettere da parte i soldi per garantirsi un futuro sereno.

Certo, si tratta di un'operazione non semplice e che spesso richiede l'aiuto di un esperto ma non è impossibile pianificare per tempo l'obiettivo finanziario del nostro futuro e, quindi, iniziare subito a lavorare con lo scopo di garantirsi una vecchiaia serena e piena di soddisfazioni, pur dovendo contare su una pensione davvero minima.

Come garantire lo stesso tenore di vita anche durante la pensione

Non devono necessariamente esserci problemi fisici oppure situazioni di non autosufficienza per sperare in una possibilità economica e di spesa maggiore. Esistono anche persone che, per fortuna, arrivano in piena salute alla pensione, ma necessitano lo stesso di più soldi. Infatti, possono essere altre le motivazioni che ci spingono fin dalla giovinezza a mettere da parte i soldi per la vecchiaia.

Innanzitutto, dopo una vita di sacrifici, le persone si augurano – arrivate alla pensione – di poter spendere senza problemi e togliersi tante piccole soddisfazioni. Per farlo, ovviamente, è necessario aver risparmiato durante il proprio percorso professionale.

Inoltre, la situazione è molto difficile anche per i giovani e non è raro che i genitori si trovino, proprio negli anni della pensione, a dover aiutare economicamente i propri figli, magari per completare gli studi oppure avviare un'attività professionale, acquistare casa o semplicemente mantenerli mentre i ragazzi cercano un proprio sbocco professionale.

Ovviamente, per poter affrontare tutte queste difficoltà è necessario che ci sia alla base una certa solidità economica che permetta di affrontare anche i momenti più difficili con una totale serenità. Quindi, anche in questo caso è evidente e pressante la necessità di aver provveduto per tempo a mettere da parte i soldi quando, durante la gioventù, nel pieno della carriera professionale, le entrate economiche permettevano tutto ciò.

Se c'è una cosa che, nei momenti difficili, consente di superare le difficoltà economiche, è il poter fare affidamento sui propri risparmi. Non si tratta solo di oculatezza ma di qualcosa di più. La propensione al risparmio non deve essere vista solo come una componente dell'indole ma è una necessaria impostazione che deve interessare la vita di ogni giorno.

Il risparmio non è un'attività a cui dedicarsi sporadicamente, ma un quotidiano impegno che garantirà serenità oggi come in futuro. Prova sempre ad immaginare il tuo denaro come un giardino a cui dedicare le tue attenzioni. Che cosa accadrà al tuo giardino se non te ne prenderai cura? Sì, la risposta è facile.

SEGRETO n. 14: gestire bene i soldi durante l'età lavorativa, con particolare attenzione al risparmio, aiuta a passare una vecchiaia più serena.

Come mettere da parte i soldi per la vecchiaia

Mettere da parte i soldi per la vecchiaia quando si è giovani sicuramente non è un qualcosa a cui pensano tutte le persone. I motivi sono tanti e certamente anche comprensibili, soprattutto se ci si mette dal punto di vista di un ragazzo che sta iniziando ora a lavorare e guadagnare oppure di una famiglia che preferisce destinare il proprio denaro ad altre attività.

Chi, in fondo, a venti o a trent'anni pensa a risparmiare per quando ne avrà settanta? Le tentazioni del mercato per i giovani d'oggi sono davvero tante e non è facile essere giudiziosi e previdenti.

Ci troviamo in un momento storico nel quale la disoccupazione giovanile è alle stelle e trovare un lavoro diventa sempre più difficile per tutti. Inoltre, anche quando finalmente si arriva al tanto agognato contratto a tempo indeterminato, gli stipendi italiani sono fra i più bassi dei paesi dell'Unione Europea.

È, quindi, abbastanza ovvio che quando un giovane si trova ad avere improvvisamente a disposizione una cifra economica maggiore rispetto al normale, voglia impiegare questi soldi per divertirsi, fare viaggi, acquisti e molto altro ancora.

Altrettanto ovvio che il risparmio economico per la vecchiaia o il costruirsi un piccolo tesoretto per le necessità future non rientri certamente nelle priorità dei giovani. Invece, gestire intelligentemente il proprio denaro (più avanti vedremo bene come) e pensare al risparmio della vecchiaia è assolutamente fondamentale.

Il risparmio in vista di una prospettiva futura, come più volte avrai potuto notare dalla lettura fatta fin qui, è una questione seria e non si può lasciare nulla al caso ma occorre rivolgersi a professionisti del settore che siano in grado di guidarti nel modo più corretto. Infatti, è necessario fare un'attenta pianificazione che comprenda, innanzitutto, la precisa analisi di quale investimento può essere sostenuto nel presente per assicurarsi una degna entrata periodica nel futuro.

Ogni mese è necessario mettere da parte una certa quantità di soldi che non deve essere troppo piccola per evitare di ritrovarsi con poco in mano dopo qualche anno, ma neanche così ingente da comportare eccessive rinunce in gioventù. Il punto, però, non è solo risparmiare in base alle proprie possibilità ma anche riuscire a far fruttare il risparmio accumulato.

Il consiglio è sempre quello di rivolgersi ad un esperto del settore che senz'altro sia in grado di individuare quali sono le strade più idonee per riuscire a moltiplicare i soldi investiti, ovviamente anche in modo sicuro, così da rischiare il meno possibile.

Gli esperti in materia di risparmio e investimento, ovviamente, sono costantemente aggiornati su tutto ciò che può costituire un guadagno nel medio e lungo periodo, conoscendo strade che altrimenti non potrebbero essere percorribili. Gli esperti, infatti, sono, come si dice in gergo, sempre sul pezzo e non è pensabile investire senza una guida sicura.

Iniziare a pensare al futuro da ora è non solo possibile ma anche auspicabile. Per farlo, però, è preferibile non lasciare questa attività al caso ma compiere una corretta pianificazione nel modo più consono.

Il segreto allora è individuare con certezza un professionista serio e scrupoloso che si faccia carico del tuo risparmio e che provveda a farlo fruttare adeguatamente.

La vecchiaia e le sue necessità oggi possono sembrare lontane ma questo non vuol dire che non arriverà il momento – purtroppo arriva per tutti – in cui le spese di viaggi, divertimenti e abbigliamento alla moda saranno sostituite da quelle per l'assistenza medica, per l'accompagnamento costante e per altre spese che, di sicuro, non sono una priorità in gioventù. Per essere sicuri di avere una meritata vecchiaia serena, occorre muoversi per tempo risparmiando, investendo e moltiplicando il frutto del proprio lavoro. Non è più possibile aspettare.

Le condizioni sempre più incerte del mercato del lavoro e di quello degli investimenti impongono professionalità e competenza per investire i propri risparmi. Rivolgiti ad un esperto del settore e affida il tuo denaro a mani competenti per assicurarti la tranquillità della giusta disponibilità economica nell'età della pensione.

SEGRETO n. 15: per essere sicuri di avere una meritata vecchiaia serena, occorre muoversi per tempo risparmiando e mettendo a frutto il proprio denaro con la consulenza di un esperto.

RIEPILOGO DEL CAPITOLO 4:

- SEGRETO n. 14: gestire bene i soldi durante l'età lavorativa, con particolare attenzione al risparmio, aiuta a passare una vecchiaia più serena.

- SEGRETO n. 15: per essere sicuri di avere una meritata vecchiaia serena, occorre muoversi per tempo risparmiando e mettendo a frutto il proprio denaro con la consulenza di un esperto.

CAPITOLO 5:

Come diventare ricco mentre dormi

Ci troviamo in un momento storico ed economico molto particolare, al quale forse non eravamo preparati. Ricerche e statistiche mettono spesso in evidenza la perdita del potere di acquisto del denaro con prospettive incerte sul futuro.

Il lavoro scarseggia e, quando c'è, spesso non è retribuito e contrattualizzato come dovrebbe. Inoltre, il costo della vita sale e ciò che si guadagna non è mai sufficiente per un'esistenza dignitosa oppure per poter far fronte a degli imprevisti. La pensione alla fine dell'attività lavorativa sta diventando ormai un'utopia, un sogno irrealizzabile che, per i pochi fortunati che riescono a raggiungerla, comunque non basta ad assicurare una vecchiaia serena e senza problemi economici.

È importante, dunque, iniziare a pensare fin da ora al proprio futuro così da non trovarsi poi dopo alcuni anni in seria difficoltà e con poche alternative davanti a sé. L'obiettivo è quello di trovare forme di investimento sicure e redditizie che possano fruttare in modo autonomo, indipendentemente da quanto noi possiamo lavorarci.

SEGRETO n. 16: quando si ha una somma di denaro, l'obiettivo principale è quello di non sprecarla, ma di farla fruttare nel modo più intelligente per garantirsi una rendita costante.

Scopriamo allora insieme come fare in modo che i soldi lavorino per noi. A tutti può capitare di avere un piccolo gruzzolo da parte e non sapere cosa farne. Può essere il frutto di un'eredità, l'importo di una liquidazione professionale, semplicemente i risparmi di molti anni di lavoro messi da parte oppure, per i più fortunati, l'esito di una consistente vincita al gioco.

Indipendentemente dalla provenienza di questi soldi, l'obiettivo principale è quello di non sprecarli ma di farli fruttare nel modo più intelligente per garantirsi una rendita costante per il futuro. La scelta non è così facile come può sembrare perché il mercato in questo momento brulica di offerte di investimento con realtà molto diverse e spesso anche insidiose.

Perciò il consiglio è sempre quello di affidarsi o affiancarsi ad operatori professionisti con comprovata esperienza nel settore in cui si vuole operare. Qualunque sia la cifra di cui si può disporre, infatti, è possibile trovare una forma di investimento adeguata senza correre troppi rischi, realizzando il progetto di vivere senza lavorare oppure integrare le proprie entrate mensili.

L'importante è non scegliere in modo avventato ma documentarsi, raccogliere informazioni, conoscere bene la situazione del mercato attuale per riuscire a muoversi con sicurezza nel mondo degli investimenti. Nonostante ciò, per avere successo occorre avere una certa apertura mentale e uno spirito creativo perché spesso, per far fruttare il proprio denaro, occorre dosare sapientemente rischio e prudenza ma anche individuare strade poco battute, che talvolta possono rivelarsi vincenti.

Il punto fondamentale, però, è muoversi subito perché essere tempestivi è molto importante. Per assicurarsi una rendita costante che ci permetta di far fronte ad un'improvvisa perdita del lavoro o che ci consenta di mantenere lo stesso tenore di vita anche una volta in pensione, occorre iniziare a lavorare su questo progetto il prima possibile perché si tratta di un processo lungo e complesso.

SEGRETO n. 17: creare una rendita costante è un processo lungo e complesso. Inizia subito!

Far fruttare i soldi senza lavorare

Far fruttare i propri soldi senza, dunque, lavorare non è un'impresa impossibile ma va ovviamente ben studiata, per ottenere successo sperato. Innanzitutto, occorre avere da parte una certa quantità di denaro.

Per realizzare ciò, occorre innanzitutto risparmiare perché, a meno che non accada qualche evento eccezionale che permetta di avere a disposizione una somma notevole di denaro, allora è fondamentale trovare il modo di disporre di una cifra che non deve essere necessariamente alta ma sufficiente per garantire un piccolo investimento.

In base ai soldi di cui si dispone, quelli che siamo riusciti a mettere da parte, si può iniziare a ragionare sull'investimento da realizzare. In questo caso, si può decidere di intraprendere due strade diverse.

La prima è quella di affidarsi ad investimenti sicuri, che lavorino da soli, senza bisogno di doversene occupare costantemente (Pac, obbligazioni, titoli di Stato ecc.). Una sorta di salvadanaio che si alimenta da solo, un'attività che non richiede troppo impegno da parte nostra.

Ma è anche possibile scegliere una seconda strada, ossia quella degli investimenti diversificati. Questa strada è quella più indicata per coloro che possono contare su un investimento iniziale non ingente ma che, con le strategie giuste, può crescere nel tempo, riuscendo a raggiungere nel giro di qualche anno livelli interessanti.

In questo caso, il denaro guadagnato con il primo investimento servirà a realizzare un successivo investimento e così via. Le strade da percorrere sono tante: mercato immobiliare, con compravendita di immobili oppure affitti dei propri locali; proprietà intellettuale, mercato mobiliare, solo per citarne alcune.

Come si diceva prima, però, la scelta deve essere oculata e deve essere fatta soprattutto in base a quelle che sono le previsioni future del mercato. Volendo fare un esempio, è inutile investire nel mattone e mettere in vendita le proprie case perché si sa che lo spread sale, i mutui schizzano alle stelle e sempre più persone rinunciano ad acquistare perché non hanno facilità ad accedere al mutuo.

In questo caso, ovviamente, una scelta saggia può essere quella di concentrarsi di più sul mercato degli affitti, valutando sempre bene prima le referenze delle persone alle quali si stipula il contratto di locazione, in modo da prevenire in anticipo, per quanto possibile, i problemi con i pagamenti mensili.

Come assicurarsi un futuro senza preoccupazioni

È sempre più evidente, quindi, che per assicurarsi un futuro sereno occorre agire per tempo, ponendo in essere le attività più redditizie che si autoalimentino, senza alcun intervento eccessivo da parte dell'investitore.

Appare anche altrettanto evidente, però, che non è sempre facile riuscire ad individuare in totale autonomia quali siano le forme di investimento migliori per cercare di vivere di rendita, senza lavorare.

Come diventare ricco, dunque, mentre dormi? Semplice! Affidandosi ad un esperto di settore che saprà consigliarci le soluzioni più idonee in base all'andamento del mercato, al budget disponibile ma anche alla nostra propensione al rischio e al tempo che abbiamo a disposizione da dedicare a questo tipo di attività. È giunta l'ora, dunque, di non perdere altro tempo e iniziare immediatamente a pensare seriamente al proprio futuro perché purtroppo siamo gli unici a poterci garantire una vecchiaia serena in quanto nessun altro, autorità comprese, si occuperanno di noi.

Per farlo occorre essere metodici nel risparmio ma anche

intelligentemente spregiudicati nelle scelte. Soprattutto, va operato un veloce cambio di mentalità che ci faccia capire che esistono forme di investimento che possono farci guadagnare senza lavorare, ma occorre imparare a gestire in modo accurato il proprio denaro, il risparmio e il successivo investimento.

Un futuro tranquillo e una vecchiaia serena sono proprio lì, a portata di mano. Sta a te cogliere l'opportunità imparando a muoverti nel modo più idoneo.

SEGRETO n. 18: non perdere altro tempo e inizia immediatamente a pensare seriamente al tuo futuro scegliendo la forma di investimento più idonea e fruttuosa.

RIEPILOGO DEL CAPITOLO 5:

- SEGRETO n. 16: quando si ha una somma di denaro, l'obiettivo principale è quello di non sprecarla, ma di farla fruttare nel modo più intelligente per garantirsi una rendita costante.

- SEGRETO n. 17: creare una rendita costante è un processo lungo e complesso. Inizia subito!

- SEGRETO n. 18: non perdere altro tempo e inizia immediatamente a pensare seriamente al tuo futuro scegliendo la forma di investimento più idonea e fruttuosa.

CAPITOLO 6:

Il metodo facile per gestire il tuo denaro

Il giardino dei soldi è un rifugio sicuro per il tuo domani. Inizia bene ad usare il tuo denaro e pensa al tuo giardino non solo come un luogo di cui godere oggi, ma immaginalo come un riparo in cui potresti rinfrancare in futuro. Quando avrai più bisogno di certezze e sicurezze.

Nel tuo giardino dovrai pensare di avere alberi capaci di resistere nel tempo. È così che puoi immaginare la tua previdenza integrativa. Un albero da far crescere e di cui occuparti fin da oggi. Il risparmio previdenziale è forse quello più difficile da mettere in atto. Come una pianta di ulivo che oggi non dà frutti perché è soltanto un esile fuscello ai tuoi occhi.

Non dimenticare, infatti, che questa piccola pianta è, allo stesso tempo, l'imprescindibile punto di partenza per qualcosa destinato a crescere nel tempo e a dare i suoi frutti. Anche quando tu non avrai più la forza per curarla, questa continuerà a dare i suoi preziosi frutti.

Inizia da subito a far crescere il tuo giardino

Come avrai capito, avere un bel giardino può essere davvero un grande privilegio, come il poter fare affidamento su solidi risparmi. Un'ambizione, però, non irraggiungibile ma al contrario realizzabile con l'impegno e la costanza necessari ad ottenere i traguardi importanti.

Per questa ragione, non rinunciare mai al tuo giardino per qualcosa che non valga almeno altrettanto. Non dimenticare mai la fatica e i sacrifici che ci vogliono per costruire questa tua sicurezza economica. La serenità che miri a costruire è il bene più grande che una buona gestione del tuo denaro possa offrirti.

Inizia subito a curare il tuo giardino. Non attendere di avere piante più grandi con cui riempirlo, ma occupati tu di farle crescere e comincia subito a prendertene cura. Il tuo risparmio di oggi è la sicurezza per il tuo domani.

Non devi aspettare di avere tanti soldi per cominciare a gestirli. Comincia adesso e con quello che hai. La cifra non è importante. Importante è iniziare a usare bene i tuoi soldi e man mano ne avrai sicuramente sempre di più.

Bisogna abituarsi ad acquisire la capacità di gestire una piccola somma di denaro prima di averne una grossa. È quindi l'abitudine di gestire bene il denaro che conta di per sé più della somma.

SEGRETO n. 19: comincia adesso a gestire bene i soldi che hai. L'abitudine conta di per sé più della somma.

Il giardino dei soldi è il *metodo facile* per la gestione del denaro, non richiede competenze particolari, ma solo un'abitudine costante a porre attenzione e controllo alle proprie risorse economiche. Ecco come funziona il *metodo facile*.

Per prima cosa bisogna suddividere il budget mensile o annuale in 5 conti correnti bancari.

Oramai le banche operano parallelamente anche online e ce ne sono molte a costo zero, in cui sono comprese le operazioni di bonifico e i trasferimenti vari.

Se proprio non ami i conti correnti, puoi anche utilizzare dei barattoli, delle buste di carta o qualsiasi cosa possa adattarsi a separare e contenere soldi, anche se la separazione in conti correnti penso sia la cosa più adeguata ai tempi in cui viviamo.

È semplice, funziona e, con l'impegno e la costanza, ti porta verso una libertà finanziaria.

Suddividi percentualmente il tuo budget/stipendio (mensile o annuale) in 5 conti correnti bancari così come segue.

I

l **50%** in un conto corrente da utilizzare per le necessità primarie e indispensabili, come: spese per generi alimentari, ricariche del cellulare, carburante, farmacia, figli, e quindi tutto ciò che rientra nelle spese abituali e indispensabili di tutti i giorni.

Il **20%** in un conto corrente da utilizzare per le spese a medio-lungo termine, trimestrali, semestrali, da calcolare preventivamente e che si verificheranno durante l'anno, come:

assicurazioni, viaggi e vacanze, imposte e tasse, spese condominiali, visite mediche, corsi di formazione, libri, regali, elettrodomestici ed eventuali riparazioni, abbonamenti, e così via...

Se a fine anno dovessero avanzare soldi su questo conto corrente, e le previsioni di spesa per il successivo sono più o meno le stesse, fai un bonifico e trasferisci il *plus* sul conto dedicato al risparmio. In questo modo vai ad incrementare il capitale da investire che con il tempo produrrà i suoi frutti e ti darà la serenità per il tuo futuro.

Il **15%** in un conto corrente risparmio da utilizzare per gli investimenti. Qui depositi la parte percentuale del tuo budget dedicata al risparmio per poi metterla a frutto con un programma di investimenti dedicato. I soldi depositati in questo conto, non devono MAI essere toccati per altre spese, ma solo investiti. Questo è molto importante perché sarà la tua "gallina dalle uova d'oro", il reddito aggiuntivo per il tuo futuro.

Il **10%** in un conto corrente dedicato agli SFIZI, al BENESSERE e al DIVERTIMENTO. Usa i soldi depositati su questo conto per gli acquisti dedicati ai tuoi momenti di piacere e svago come: ristorante, bar, discoteca, centri benessere, shopping di abbigliamento, scarpe, e tutto ciò che ti vizia, ti coccola e ti fa stare bene. Questi tipi di spese servono un po' come equilibrio o valvola di sfogo per tutti gli sforzi e l'impegno per mantenere la corretta gestione del tuo denaro. Considera queste spese come un premio. Sono come l'ornamento del tuo giardino dei soldi, il tocco di classe, la ciliegina sulla torta.

Diventa ancora più appagante se i soldi depositati in percentuale su questo conto corrente vengono spesi completamente ogni mese o nell'anno stabilito. E se anche qui, alla fine del periodo (mese o anno), avanza qualcosa: che si fa? Come per il conto corrente dedicato alle spese a lungo termine, fai un bonifico e trasferisci ciò che non hai speso sul conto corrente del risparmio e investilo!

Sì, in modo da incrementare così, anche in questo caso, la

quota capitale da mettere a frutto per un futuro ancora più sereno e tranquillo. Questo rafforza la tua abitudine al risparmio.

Il **5%** in conto corrente dedicato a SALVADANAIO. Si tratta sempre di una forma di risparmio, ma considerata però più come un accantonamento di soldi extra per qualsiasi eventuale emergenza o per un imprevisto che possa capitare nella vita; una riserva da utilizzare se si dovesse avere bisogno di somme di denaro nell'immediato in casi come: una calamità naturale, impossibilità a lavorare, un infortunio, un trasferimento di residenza obbligato. Ma da usare anche a scopo benefico e con generosità per aiutare un familiare in difficoltà, donare in beneficenza, carità, e così via…

Ecco l'elenco a riepilogo di come distribuire in percentuale i soldi. Il 50% nel conto corrente per le *necessità*. Il 20% nel conto corrente per le *spese a lungo termine*. Il 10% nel conto corrente per gli *sfizi*. Il 15% nel conto corrente per gli *investimenti*. Il 5% nel conto corrente *salvadanaio*.

SEGRETO n. 20: separa percentualmente le tue entrate in 5 conti correnti bancari.

I binari che ti portano alla libertà finanziaria

Conclusa la parte della descrizione dei conti correnti, arriviamo al punto fondamentale di tutto questo percorso. Perché funzioni questo metodo facile di gestione del denaro, dopo aver separato il budget nei conti correnti, ognuno dedicato ad un gruppo di spese e funzioni specifiche, bisogna seguire la regola ferrea e obbligatoria di non spendere più di quello che si guadagna e di stare nel budget di spesa che ogni conto riesce a coprire.

Non si sfora, non si passa da un conto a un altro mischiando i soldi e spendendoli per quello a cui non sono preventivamente stati destinati, altrimenti salta tutto il sistema e non funziona più. Ogni conto corrente bancario è come un contenitore, mensile o annuale che sia, quello è e quello puoi spendere, stop.

SEGRETO n. 21: non devi spendere di più di quello che guadagni. Ogni conto corrente è come un contenitore: quello hai disponibile e quello puoi spendere, stop!

Ecco un esempio pratico: come operare una suddivisione con un'entrata di 1.200€ al mese.

50% per le necessità quotidiane = 600 euro

20% per le spese medio-lungo termine = 240 euro

10% per gli sfizi e il divertimento = 120 euro

15% per risparmio-investimenti = 180 euro

5% al salvadanaio-emergenze = 60 euro.

Questi sono i 5 pilastri del tuo giardino dei soldi. Adeguati presto a questa **nuova abitudine finanziaria**, segui il metodo, è veramente semplice, collaudato e fattibile. Noterai come il tuo stile di vita, il tuo benessere e anche la tua felicità troveranno giovamento da tutto questo impegno.

SEGRETO n. 22: adeguati presto a questa nuova abitudine finanziaria, segui il metodo, è veramente semplice, collaudato e fattibile.

RIEPILOGO DEL CAPITOLO 6:

- SEGRETO n. 19: comincia adesso a gestire bene i soldi che hai. L'abitudine conta di per sé più della somma.
- SEGRETO n. 20: separa percentualmente le tue entrate in 5 conti correnti bancari.
- SEGRETO n. 21: non devi spendere di più di quello che guadagni. Ogni conto corrente è come un contenitore quello: hai disponibile e quello puoi spendere, stop!
- SEGRETO n. 22: adeguati presto a questa nuova abitudine finanziaria, segui il metodo, è veramente semplice, collaudato e fattibile.

Conclusione

"I soldi non bastano mai, non si arriva a fine mese". Sono le frasi più popolari che si sentono in giro, tra la gente, e in tv, quando si parla di soldi. Per te, invece, che hai scelto di leggere questo libro (e grazie!), da adesso è diverso.

Comincia subito ad applicare il *metodo facile* per gestire il tuo denaro, indipendentemente dalla somma che hai disponibile. Inizia a creare questa nuova abitudine finanziaria e vedrai come la qualità del tuo stile di vita economico migliorerà. Imparerai a superare la pulsione a spendere in modo incontrollato e a salvaguardare una buona parte dei tuoi soldi, stando soprattutto lontano dai debiti, con l'obiettivo di raggiungere una vera e propria libertà finanziaria.

L'impegno è veramente minimo: ogni giorno, ogni settimana, ogni mese, dedica quei 10 minuti di attenzione al tuo giardino, crea un'abitudine costante, prenditi cura dei tuoi soldi, risparmia e falli fruttare. Informati e rimani aggiornato sul mondo degli investimenti, perché è da qui che puoi iniziare a costruire un futuro solido. Evita di indebitarti, soprattutto per l'acquisto di beni accessori. L'indebitamento comporta l'esborso di una rata che ha ripercussioni di non poco conto sul budget mensile.

E, come dicevamo prima, avere un bel giardino, così come la serenità economica, è un toccasana per il tuo spirito, per il tuo benessere e per la tua felicità. È un antidoto naturale per i già tanti stress a cui la vita di ogni giorno sottopone. Pensa a un giardino come a un rifugio dove ritrovare la tua armonia. Pensa quindi al tuo denaro e alla tranquillità che ti dà sapere di averne abbastanza per affrontare la vita nella sua quotidianità potendo soddisfare le tue esigenze.

Ti invito dunque nuovamente a mettere in pratica al più presto questo *metodo facile* della gestione dei soldi perché i risultati non tarderanno ad arrivare.

Apri 5 conti correnti e ripartisci il tuo budget nelle percentuali indicate in precedenza. Il cambiamento sarà subito visibile, non serviranno giorni, mesi o addirittura anni. Osserverai, già al momento in cui avrai terminato la ripartizione, qualcosa di diverso da tutto quello che hai fatto fino a quel momento nel maneggiare i tuoi soldi.

Noterai: ordine, sicurezza e tranquillità, perché ogni moneta sarà al suo posto, e sarà il posto giusto. Ogni conto corrente ha un obiettivo di spesa o di accumulo ben definito anticipatamente. Sprechi e superficialità saranno veramente ridotti al minimo.

Gestire il denaro con il *metodo facile* ti porterà verso un'indipendenza o, meglio, verso una libertà finanziaria, a prescindere dall'entità della somma disponibile con cui inizi. È un meccanismo che si innesca automaticamente con il tempo, la costanza e l'applicazione.

www.ingramcontent.com/pod-product-compliance
Lightning Source LLC
Chambersburg PA
CBHW071528200326
41519CB00019B/6110